HACIA LA EXCELENCIA ACADÉMICA

Recomendaciones para el
estudiante que desea un
ALTO DESEMPEÑO ACADÉMICO

HACIA LA EXCELENCIA ACADÉMICA

Recomendaciones para el
estudiante que desea un
ALTO DESEMPEÑO ACADÉMICO

Dr. Jorge Valenzuela Rendón

Para realizar pedidos de este libro, contacte con:
Palibrio
1663 Liberty Drive, Suite 200
Bloomington, IN 47403
Gratis desde EE. UU. al 877.407.5847
Gratis desde México al 01.800.288.2243
Gratis desde España al 900.866.949
Desde otro país al +1.812.671.9757
Fax: 01.812.355.1576
ventas@palibrio.com
786211

A *MI PADRE*
Por haberme enseñado el blanco y el negro.

A *MI MADRE*
Por haberme regalado el rosa.

A *MI ESPOSA*
Por compartirme el violeta, el azul, el verde,
el amarillo, el naranja y el rojo.

A *MIS HIJOS*
Por colorear absolutamente todo.

ÍNDICE

ANTES DE COMEZAR: ¿CONOCES A ALGUIEN ASÍ?1

Juan: Siempre ha sido el "vivo" de su grupo. Hace el menor trabajo posible y de baja calidad. Copia la tarea de los demás, es experto en "copiar y pegar", es un gran bromista y casi siempre improvisa las respuestas a las preguntas que le hacen sus maestros.

Luis: Es inteligente pero nunca le ha gustado esforzarse. En primaria, sus maestros siempre le dijeron que, si se esforzaba un poco más, podría tener calificaciones muy altas. Las estrategias que ha usado en el pasado ahora no le funcionan y está reprobando varios cursos.

Griselda: Tiene promedio de 80/100; durante las clases, nunca hace preguntas ni contesta las preguntas que plantean los maestros. Fuera del salón, habla libre y

---

1   N. del A.: Las situaciones son reales, han sido tomadas de estudiantes que he conocido personalmente. Los nombres se han cambiado para respetar la privacidad.

abiertamente de muchos temas. Dentro del salón, no habla. La mayoría de sus maestros no recuerdan su nombre.

Roberto: Toda su vida ha vivido en su ciudad natal en la casa familiar. Ahora, por primera vez en su vida, está viviendo solo en un departamento en una ciudad desconocida. No tiene una red de apoyo en esta nueva ciudad; se siente solo, especialmente, los fines de semana.

Martha: Lleva años de sentirse vacía. No se entusiasma con nada. Se le hace muy pesado estudiar y muy difícil concentrarse en sus estudios. Lo que lee, no lo recuerda. En las noches, cuando está en su recámara, llora. No sabe por qué se siente así.

Adrián: Ha tenido muchos problemas con sus estudios en primaria, secundaria y preparatoria. Cada vez que estaba a punto de reprobar un curso, sus padres presionaban a los maestros para que lo aprobaran. Ya lleva muchos años de estar acostumbrado a que sus padres le "arreglen el pase". Actualmente, está cursando una carrera profesional y está convencido de que los maestros "lo tienen que pasar".

Carlos: Está tomando un curso que ya reprobó varias veces. Dice que, la primera vez, reprobó "porque se confió" y que, la segunda vez, el maestro fue muy "mala onda" por no darle los 7 puntos que le faltaban para aprobar.

Leticia: Empezó su carrera profesional en otra universidad, pero tuvo que dejar esa institución por reprobar. No tiene claro por qué reprobó antes y sigue usando exactamente las mismas estrategias y tácticas en la universidad a la que está asistiendo ahora. Está esperando los resultados de los primeros exámenes parciales, pero intuye que le fue "más o menos".

Marcos: Tiene muy altas calificaciones en primaria, secundaria y preparatoria. Actualmente está obteniendo excelentes calificaciones. Casi no platica con sus compañeros, tiene muy pocos amigos, menos amigas y no tiene novia. Pasa su tiempo libre solo en su recámara jugando videojuegos.

Clara: Hace varias semanas que no puede concentrarse al estudiar. Este semestre, ha entregado todas las tareas después de la fecha límite. Reprobó un examen y no asistió al examen de otra materia. Está batallando mucho para dormir. Cree que está embarazada.

Antonio: Se desvela casi todas las noches y se la pasa navegando en la computadora, jugando videojuegos o en el celular con su novia. Llega tarde a las clases y le es muy difícil poner atención en clase.

Pablo: Va pasando los cursos "de panzazo"[2]. En "prepa" iba a todas las fiestas que podía y sigue haciendo lo mismo ahora mientras cursa su carrera profesional.

Ernesto: Ha tenido excelentes calificaciones en primaria, secundaria y preparatoria. Dice que no necesita estudiar mucho para sacar buenas notas. Está en primer año de su carrera profesional, estudiando muy poco, y está totalmente confiado en que tendrá excelentes resultados.

Rodrigo: No escogió la carrera que está estudiando, se la escogieron sus padres, por eso está estudiando sin echarle ganas. Sus padres le regalaron un carro deportivo para "estimularlo" para que apruebe las clases. Ellos han planeado que, al terminar la carrera, irá a trabajar al negocio familiar.

---

2   N.del A. Con la mínima calificación aprobatoria.

INTRODUCCIÓN

Escribí este libro para ayudarte a tener **un mejor desempeño en tus estudios**, no importa qué carrera profesional estés estudiando o vayas a estudiar. Es un libro breve, directo, en el que he hecho un esfuerzo para compartir contigo información de manera muy clara, sin rodeos. Al escribirlo, he tomado en cuenta diversas experiencias fundamentales, entre ellas, destaco dos:

1) **Mi propia experiencia como docente:** He dado clases a estudiantes de diversas carreras profesionales de distintas universidades en México y el extranjero durante más de 35 años. He convivido con los estudiantes y he visto cómo algunos de ellos emplean enfoques muy productivos y eficientes, mientras que otros batallan mucho.

2) **Mi propia experiencia como estudiante**: Un gran porcentaje de mi vida he sido estudiante (primaria, secundaria, preparatoria, profesional, especialidad y doctorado). He podido aprender personalmente que hay enfoques muy productivos que permiten, primero, sobrevivir como estudiante; después, avanzar; más delante, evolucionar hacia niveles académicos elevados y, finalmente, poder ofrecer servicios de alto nivel.

Verás que leer este libro te lleva poco tiempo; el punto clave es que **apliques en tu vida diaria** las recomendaciones aquí presentadas que funcionen mejor contigo.

También es importante que tengas **una visión** a corto, mediano y largo plazo de tu vida académico-profesional (de tu vida personal podemos hablar en otro momento). **Piensa solamente en uno de los cursos que estás tomando ahora. ¿Qué sigue una vez que lo apruebes? ¿Y qué sigue cuando termines la carrera? Y cuando empieces a trabajar, ¿qué les vas a poder ofrecer a los demás?**

Todo lo que construyas durante tu carrera (las estructuras de conocimientos, las habilidades, las relaciones personales, etcétera) es lo que probablemente llevarás contigo a tu vida profesional. **En este momento, estás construyendo las herramientas con las que vas a trabajar en el futuro.**

OBJETIVOS PRIMARIOS

Al tomar un curso debes tener (cuando menos) dos **objetivos** directos:

1) **Aprender**
2) **Aprobar**

Estos dos objetivos deben estar **entrelazados**, unidos. No es aceptable alcanzar solamente uno de los objetivos.

Si solamente aprendes, pero no apruebas el curso: algo falló y será necesario que tomes de nuevo el curso (o presentes exámenes extraordinarios), lo cual significa gastar una vez más tu tiempo (en otras palabras, tu vida), tu esfuerzo y tu dinero.

Si solamente apruebas el curso, pero no aprendes: algo falló. Los conocimientos, habilidades y demás herramientas que deberías llevarte contigo al terminar el curso, en realidad no las tienes y posiblemente tendrás problemas más adelante.

Imagina que un automovilista inicia un largo viaje. En la cajuela del carro lleva una llanta de refacción, una cruceta y un gato mecánico para levantar el vehículo, pero la llanta y el gato mecánico están dañados, no están en condiciones de ser usados. Durante el viaje, una llanta se daña y necesita cambiarla, pero al tratar de hacerlo se da cuenta de que lo que trae en la cajuela no le sirve. Algo parecido sucede con el estudiante que aprueba un curso sin aprender lo más esencial de este. Si el automovilista lleva en su carro acompañantes, se darán cuenta de que no tiene lo que se necesita (ni llanta de repuesto ni gato mecánico). En el futuro, el estudiante tendrá clientes y jefes que también podrán darse cuenta de que no tiene lo que se necesita para dar un buen servicio.

Aparte de los dos objetivos antes mencionados (aprender y aprobar) hay muchos otros que se pueden alcanzar:

1) **Conocer personas**: esto te permitirá **establecer redes de contactos** que te podrán ayudar durante todos tus años de estudiante y, más importante aún, después de graduarte, en tu vida profesional. Se entiende por *networking* un sistema de apoyo compartiendo información y servicios entre individuos y grupos que tienen intereses comunes. Todos los días tienes la oportunidad de extender tu red de apoyo.

2) **Escuchar otros puntos de vista**: no necesariamente académicos, sino de la vida en general. Así los podrás comparar y contrastar con tus propios puntos de vista.

3) Aprender a **interactuar** con compañeros de grupo.

4) Aprender a **trabajar en equipo**.

Como puedes ver, en estos objetivos encontramos la oportunidad de **desarrollar habilidades sociales**, mediante la **interacción directa**, diaria y personal con tus compañeros y **sin la interferencia de** algún aparato electrónico (celular, computadora o tableta).

4

¿QUÉ SIENTES Y DÓNDE ESTÁS?

No es raro tener una **mezcla de sentimientos** encontrados al comenzar a estudiar nuestra carrera profesional: alegría por haber sido aceptados, nostalgia por dejar la preparatoria, desesperación por empezar, temor por los retos que vienen, etcétera.

El inicio de la carrera puede ser pesado ya que **hay muchos cambios simultáneos**: distinto trato personal de los profesores, gran cantidad de material por estudiar, la complejidad de las ideas, el número de los trabajos (tareas, proyectos, seminarios, presentaciones, etcétera). Todo esto nos puede abrumar, hacernos sentir aplastados por la carrera y considerar que no estamos disfrutando nuestra preparación profesional.

Pero llega un momento en que **nos topamos con "algo especial"**, una materia nueva, un profesor distinto, una actividad fascinante; es algo diferente que **nos hace "clic"**, que nos cambia, que nos da un giro; y entonces empezamos a ver nuestra carrera profesional de una manera especial, ese "algo" nos hace que nos **enamoremos de nuestra carrera** (antes solamente nos gustaba, ahora también estamos enamorados). Cuando pasa esto en nuestro interior,

hemos entrado en una fase totalmente distinta a lo que hemos vivido antes.

Claro que no nos gusta todo, no nos gustan todos los temas, no nos gustan todos los cursos, no nos gustan todas las actividades; pero puesto absolutamente todo en la balanza, **es mucho mayor el amor por nuestra carrera y el placer que nos produce** que los aspectos desagradables. **Somos muy afortunados cuando llegamos a esta etapa de nuestra vida profesional.** Algunos jamás llegan a esa fase.

Es bueno saber dónde estás

Si bien es cierto que, por una parte competimos contra nosotros mismos (nuestras debilidades, pereza, falta de disciplina, falta de reflexión, falta de dedicación, etcétera), también es cierto que, nos guste o no, también estamos de cierta manera en competencia con los demás estudiantes. Esto puede tener consecuencias importantes, anoto algunos ejemplos:

1) Las plazas de servicio social se asignan sobre la base del promedio final obtenido durante la carrera.

2) Al entrevistar a los candidatos para hacer algunas especialidades se les otorga prioridad a aquellos que obtuvieron las calificaciones más altas.

3) En algunos trabajos, se prefiere contratar a personas con perfil competitivo, usando como indicador las calificaciones.

Entonces, a medida que avanzamos en nuestros estudios profesionales, es útil tomar conciencia de la posición (*ranking*) que ocupamos en relación con los demás estudiantes: ¿estamos en el tercio con mayores calificaciones?, ¿en el tercio medio?, ¿en el tercio con menores calificaciones?

Es claro que las calificaciones no reflejan completamente a ningún estudiante; también es cierto que, en muchas ocasiones, las calificaciones se usan para decidir a quién darle una oportunidad (beca, puesto, plaza, etcétera). Ese es el mundo real.

5

MOTIVACIÓN

Es muy importante que descubras lo antes posible que es lo que a ti te motiva. La mayoría de las personas son motivadas por varios factores, no por uno solo.

En la siguiente tabla, marca tus motivaciones e identifica las 3 principales.

Algunas motivaciones comunes	
	Superarte a ti mismo
	Superar a los demás
	Aprobar el curso
	Pasar al siguiente año académico
	No despertar el enojo de los padres
	No perder la beca
	Poder ir de intercambio
	Graduarse, titularse
	Dejar de ser estudiante

	Empezar a trabajar
	Aumentar los ingresos económicos
	Alcanzar un alto desempeño académico
	No decepcionar
	Impresionar a los demás
	Poder dar un buen servicio a tus clientes en el futuro
	Otras (anótalas)

¿Ya encontraste tus principales motivaciones? Una vez que identificas cuáles son tus principales motivaciones conscientes, entonces **las puedes usar como motores para impulsarte hacia adelante**, sobre todo cuando las cosas se ponen difíciles.

También es importante entender que **nuestras motivaciones cambian** con las distintas situaciones que vivimos, varían con las etapas de la vida que estamos viviendo (niñez, juventud, madurez, vejez), con los distintos cursos, los diversos maestros, las circunstancias específicas del momento que vivimos, etcétera.

6

ADMINISTRACIÓN DEL TIEMPO

Uno de los factores que más puede ayudarte a mejorar tu desempeño es aprender a administrar eficientemente el tiempo. Para lograr esto, una herramienta básica es tener una simple **agenda** donde vayas anotando los trabajos, las tareas, los exámenes y otras actividades en las que debes participar. Esto proporciona una idea fácil y rápida de lo cargados o ligeros que estarán los próximos días, semanas y meses. También te permite planificar cómo administrar tus esfuerzos en las actividades —a qué hay que entregarle más energía— y también evitar, hasta donde sea posible, que se empalmen los trabajos.

La administración del tiempo no solamente debe incluir el área académica (trabajos, tareas, presentaciones, exámenes, etcétera.), sino también abarcar otras actividades como: el tiempo compartido con amigos, con tu novia, con tu familia, ir al cine, ir a cenar con compañeros, ir al campo, practicar deporte, etcétera.

En el siguiente ejercicio podrás detectar clara y objetivamente cómo empleas actualmente tu tiempo. En la siguiente cuadrícula, escribe detalladamente lo que haces habitualmente a cada hora del día y de la noche;

por supuesto, algunos días y horas seguramente tus actividades serán variables, pero insisto: escribe lo que haces *habitualmente*, lo que *mejor representa* tu actividad de ese día y a esa hora. Trata de ser lo más específico posible, por ejemplo, escribir: "estoy en la computadora" realmente no sirve de mucho para hacer el análisis, es más útil escribir más específicamente:

"Estoy en la computadora en Facebook"
"Estoy en la computadora jugando"
"Estoy en la computadora viendo videos"
"Estoy en la computadora navegando"
"Estoy en la computadora haciendo la tarea"

	Lunes	Martes	Miércoles	Jueves	Viernes	Sábado	Domingo
1 am							
2 am							
3 am							
4 am							
5 am							

6 am							
7 am							
8 am							
9 am							
10 am							
11 am							
12 pm							
1 pm							
2 pm							

3 pm							
4 pm							
5 pm							
6 pm							
7 pm							
8 pm							
9 pm							
10 pm							
11 pm							
12 am							

Para que el ejercicio sea más útil es mejor que **NO avances hasta la siguiente página hasta haber completado toda la cuadrícula y de la manera más detallada.**

Si aún no la has hecho, no continúes leyendo más páginas.

Si estás leyendo esta frase es recomendable que ya hayas terminado de completar la cuadrícula de la página anterior. De no ser así, es aconsejable que regreses a la cuadrícula y la completes. Si ya completaste la cuadrícula, entonces continúa leyendo.

Hay una pregunta fundamental: **la forma en que administras tu tiempo, ¿te ayuda a alcanzar tus objetivos?, ¿te aleja de tus objetivos?**

Más preguntas:

¿A qué hora te levantas habitualmente?

¿Cuánto tiempo tardas en transportarte?

¿Cuántas horas estudias? Incluye: leer, reflexionar, entender.

¿Cuántas horas dedicas a hacer trabajos? Incluye: tareas, buscar información, escribir, imprimir, ordenar material.

¿A qué hora comes? Incluye: desayuno, almuerzo, cena.

¿Cuántas horas estás frente a la pantalla por razones académicas?

¿Cuántas horas estás frente a la pantalla por razones no académicas? Incluye: teléfono, chatear, videos, jugar, etcétera.

¿Cuantas horas haces ejercicio?

¿A qué hora te acuestas a dormir?

¿A qué hora te desconectas de todo lo electrónico (televisión, celular, iPad, computadora, etcétera)?

¿Cuántas horas duermes?
¿Cuántas horas descansas?

Regreso a una pregunta fundamental: **la forma en que administras tu tiempo, ¿te ayuda a alcanzar tus objetivos?, ¿te aleja de tus objetivos?**

7

ESTILOS DE ESTUDIO

Un error frecuente es que el estudiante usa estilos que le sirvieron en el pasado (por ejemplo, en secundaria), pero ahora que está estudiando una carrera profesional ya no le dan buenos resultados. **Es decir, están en nivel profesional pero usan estilos de estudio de secundaria.**

Un ejemplo común: cuando el estudiante estaba en secundaria hacía un resumen escrito de cada tema y de cada clase y esto le permitía tener un buen desempeño académico. Pero al llegar al nivel profesional, el número de cursos, la cantidad y extensión de los temas no le permiten usar este método y tener un buen desempeño académico, ya que le consumen mucho tiempo y energía. Una posible alternativa es usar un marca-textos (resaltador) y señalar en el libro lo que se hubiera escrito en un resumen del tema. Esto permite crear más rápidamente un "resumen", consumiendo menos tiempo y esfuerzo.

Algo que frecuentemente produce buenos resultados es el **método de las tres lecturas**. En el libro de texto, el capítulo se lee tres veces de la siguiente manera:

La **primera lectura** es rápida, tiene como objetivo fundamental tener una idea general de qué trata el capítulo. Si por alguna razón ya no tuvieras tiempo para leer más, podrías ir a la clase y tendrías una idea general del tema. En pocas palabras, *podrías defenderte.*

La **segunda lectura** es más lenta, es analítica. Tratas de identificar y entender los conceptos fundamentales del tema, buscas relaciones entre diversas variables, pones atención a las gráficas, tratando de entender cuáles son las cuestiones fundamentales que las gráficas resumen de manera visual. Así mismo, analizas todas las tablas del capítulo. Si las tablas son numéricas, hay que entender cuáles son las relaciones cuantitativas que el autor resume en estas. En esta segunda lectura, debes tratar de entender cómo (de qué manera) este capítulo se relaciona con los demás capítulos del libro. También tratas de comprender cuál es la utilidad del material, es decir, de qué manera puedes usar la información, o en otras palabras, ¿para qué sirve? Algunas veces, vas a poder descifrar esto por ti mismo y, en otras ocasiones, va a ser necesario que le pidas ayuda a tu maestro. En esta segunda lectura también es bueno que trates de imaginar qué preguntas podrían hacerte en un examen.

A medida que haces esta segunda lectura, te sugiero que escribas con lápiz en los costados de las páginas del libro tus comentarios del material. En ocasiones, hay párrafos que son largos y complejos; en los costados del libro, puedes escribir una frase corta y simple que te permita recordar el concepto fundamental de ese largo y confuso párrafo. Cuando no entiendas un párrafo, una gráfica o una tabla, puedes marcarlo con un signo de interrogación. Esto te permite rápida y visualmente detectar áreas del capítulo que no entiendes. Además, ahí ya tienes preguntas que puedes llevar al salón de clases y presentarlas a tu maestro, para que pueda ayudarte a clarificarlas.

Como puedes ver, la segunda lectura es analítica, consume considerable tiempo y energía, pero son bien invertidos ya que pueden darte muy buenos resultados.

En la **tercera lectura**, si es posible, lee todo el capítulo otra vez; si no hay suficiente tiempo, entonces puedes leer:

- Solamente lo que señalaste con tu marca-textos, es decir, tu resumen
- Solamente las tablas
- Solamente las gráficas
- Solamente tus anotaciones en los costados de las páginas del libro

Es muy importante que en esta tercera lectura selecciones ideas para guardar en tu memoria.

PRIMERA LECTURA
Rápida
Tener una idea general del tema
Contestar preguntas generales durante la clase

SEGUNDA LECTURA
Lenta y calmada
Tener una idea clara del tema
Señalar con marca-textos
Analítica
Buscar conceptos fundamentales
Detectar correlaciones de las principales variables
Analizar tablas

	Analizar gráficas
	Anotar comentarios en los costados de las páginas del libro
	Escribir tus preguntas, dudas y comentarios
	Prepararse para ir al salón a discutir el tema
	Exponer tus preguntas, dudas y comentarios al salón
	Anticipar preguntas de examen

TERCERA LECTURA	
	Revisar puntos clave del capítulo
	Revisar solamente lo señalado con tu marca-textos
	Revisar solamente las tablas
	Revisar solamente las gráficas
	Revisar solamente tus anotaciones en los costados de las páginas
	Decidir qué información guardar en la memoria

Es importante darse cuenta de que, dependiendo de la materia, hay estilos de estudio que se adaptan mejor. Hay materias que requieren apoyarse bastante en la memoria, por ejemplo la anatomía y la geografía. Por otro lado, hay cursos en los que hay que apoyarse mucho en la deducción, por ejemplo, la fisiología y la física. En otras actividades, la práctica una y otra vez de procedimientos es muy importante, por ejemplo, resolver muchos problemas matemáticos razonados o aprender a suturar correctamente una herida; queda claro que, en estos dos últimos ejemplos, simplemente leer en un libro cómo deben hacerse no es suficiente, hay que practicar y volver a practicar.

8

PREGUNTAS BÁSICAS

Esta es una lista general de preguntas que puedes plantearte cada vez que analices o estudies una situación. Verás que hacerlo constantemente te dará muy buenos resultados.

¿Qué
es?
significa?
representa?
secuencia tiene?
consecuencias tiene?
alternativas hay?
problemas hay?
necesito para resolver esto?

¿Cómo
funciona?
se puede descomponer?
se puede arreglar?
sabrás que lo arreglaste?

¿Para qué
existe?
sucede esto?
es útil?
sirve?
debes pedir ayuda en este asunto?

¿Por qué
existe?
sucede?
funciona?
se descompuso?
es útil?
debes pedir ayuda en este asunto?

¿Quién
es beneficiado con esto?
es perjudicado con esto?
puede ayudar con esto?

¿Dónde
puedo ver esto en la vida real?
hay situaciones similares?
se necesita esto?
sería beneficioso esto?
sería perjudicial?
debes pedir ayuda en este asunto?

¿Cuándo
puedo ver esto?
podría esto ser beneficioso?
podría esto ser perjudicial?
es el mejor momento para actuar sobre esto?
esperas ver el cambio?
sabrás que lo arreglaste?
debes pedir ayuda en este asunto?

Insisto: son preguntas generales que te sirven de guía y que debes adaptar a la situación específica que estás estudiando. Son preguntas muy útiles, **¡úsalas!**

¿Qué preguntas generales se te ocurren a ti y no están en la lista? Escríbelas enseguida.

9

DÓNDE ESTUDIAR

Debemos tener la flexibilidad de estudiar en cualquier lugar y bajo muy diversas circunstancias, pero **siempre que se pueda uno debe tener un sitio predilecto para estudiar y hacer tareas.**

Debes tratar de obtener el máximo provecho por cada hora invertida en tus estudios. Un problema frecuente es que, debido al uso de estrategias de bajo rendimiento, algunos estudiantes necesitan invertir demasiado tiempo para aprender un tema o hacer una tarea, y por lo tanto se cansan más y gastan tiempo que podrían usar en otras actividades. El lugar donde estudias puede ayudarte a ser más eficiente.

El cuarto donde estudias debe estar bien iluminado y ventilado, tener una mesa o escritorio donde puedas escribir o poner tus libros abiertos. Preferentemente, debes tener en ese cuarto todo lo que necesites para estudiar o hacer trabajos, por ejemplo: libros, libretas, lápices, plumas, borradores, marca-textos, reglas, colores, diccionarios, computadora, impresora, etcétera. La idea es que no tengas que hacer interrupciones innecesarias para ir a otro cuarto por esas cosas. Sin darte cuenta, **cada**

DR. JORGE VALENZUELA RENDÓN

pequeña interrupción puede distraerte y alargar el tiempo de estudio.

Es necesario que detectes qué factores interrumpen tu estudio, por ejemplo: televisión, teléfono, celular, música, etcétera. No es raro que un estudiante interrumpa su estudio para contestar una llamada telefónica o un mensaje de texto; es increíble la cantidad de tiempo que se puede desperdiciar. **Necesitas acostumbrarte a enfocarte en tu trabajo académico y hacer una pausa en el uso social del teléfono y la computadora (chatear, ver videos, jugar, etcétera).** Hay personas que pueden contestar el teléfono o un mensaje de texto en muy poco tiempo; hay otras personas, en cambio, que se olvidan del estudio y se pierden en el teléfono o la computadora. Esta es una forma muy ineficiente de estudiar.

10

TIEMPO DE ESTUDIO

En general, le dedicamos más tiempo a las materias y a los temas que más nos gustan y, por lo tanto, menos tiempo a los que no nos agradan tanto. Por ejemplo, a un estudiante podría gustarle más la biología y menos la geometría analítica. Este estudiante, tal vez, le dedica más tiempo a estudiar biología y le saque la vuelta a realizar problemas de geometría analítica. **En general, es necesario dedicarle más tiempo y esfuerzo a las materias que NO nos gustan** y que muchas veces son las que más problemas nos dan. Generalmente, lo que nos gusta se nos hace fácil y lo podemos sacar adelante en menos tiempo.

11

ANTES, DURANTE Y DESPUÉS DE LA CLASE

Recomiendo muy fuertemente que estudies cada tema *antes* de ir al salón a tomar la clase. Esto debe convertirse en rutina, ya que produce grandes beneficios. Un error común es que algunos alumnos estudian el tema *después* de haber tomado la clase en el salón, esto significa que no saben cuáles son las ideas principales del material y, por lo tanto, tampoco han reflexionado sobre estas ideas. Van al salón sin ideas que discutir, sin dudas que aclarar, sin preguntas que hacer al maestro. Comúnmente, los estudiantes que hacen esto participan muy poco en clase. Como no han estudiado, se sienten inseguros, no plantean preguntas por temor y cuando llegan a decir algo en clase, frecuentemente, son ideas o preguntas superficiales, ya que no se han dado a sí mismos la oportunidad de entrar en las ideas profundas del material. **No están en la cancha jugando, tratando de meter un gol, están sentados en las gradas viendo jugar a los demás. Pierden la oportunidad de vivir activamente en el salón una experiencia enriquecedora y se**

conforman con observar pasivamente lo que hacen los demás.

Si **antes** de ir al salón estudias el material de manera estratégica, llegarás con algunas ideas claras y definidas; de la misma manera, si llevas otras ideas que pueden ser confusas, podrás despejarlas con las explicaciones del maestro. Si esto no fuera suficiente, entonces puedes plantear abiertamente tus dudas, de manera que el maestro pueda aclararlas. **Puedes ver a tu maestro como un asesor-consultor y cada clase como una asesoría-consultoría, ¡aprovéchalo al máximo!**

Frecuentemente, no hay suficiente tiempo para que el maestro explique *todo* el capítulo, por lo que **es necesario que tú hayas construido previamente en tu mente una estructura con las principales ideas del capítulo y las maneras en que estas ideas se relacionan entre sí.** Tomando como base esta estructura que tú ya construiste, el maestro puede ayudarte a que sigas edificando. Sin la estructura mental —si no has estudiado antes de ir a la clase—, de poco te servirá la ayuda del maestro, de manera que, al final de la clase, en tu mente habrá una serie de huecos del tema. A lo largo del curso, si hay un número crítico de huecos, el edificio de entendimiento no será sólido y podrá colapsarse fácilmente. Esto se reflejará reprobando el curso.

Te sugiero que selecciones cuidadosamente **dónde sentarte** en el salón de clase: un lugar donde tengas buena visibilidad del pizarrón o de la pantalla, donde no haya reflejos de luz molestos que te incomoden y donde puedas escuchar claramente las explicaciones del maestro. Un lugar donde no estés rodeado por estudiantes que puedan distraer tu atención.

Cuando estés en el salón, "sumérgete" en la clase, en verdad "métete en la clase". Trata de desconectarte de otras situaciones fuera del salón, no es el momento de estar pensando en otros aspectos de tu vida (lo que vas a hacer el fin de semana, a dónde vas a ir de vacaciones, la película que vas a ver, etcétera). Cada cosa en su momento y en su lugar, **este es el momento de estar física y mentalmente en el salón, metido en el tema, pensando, preguntando, opinando, anotando. Recuerda que, en unos cuantos minutos, la clase habrá terminado y la oportunidad en el salón se habrá acabado. Habrá otros momentos, pero ese ya no.**

Te sugiero que pongas mucha atención a las explicaciones de tu maestro; **mucha atención con tu mente, con tus ojos, con tus oídos**. Con mucha frecuencia, cuestiones que son complejas y difíciles se ven más claramente y son más entendibles después de las explicaciones del maestro.

Toma notas durante la clase, si aprendes a hacerlas de buena calidad, tendrás material sumamente valioso. En los últimos años, he visto un número creciente de estudiantes que no toman notas durante la clase. Creo que muchas veces esto puede ser un error. Por otra parte, hay estudiantes que toman notas solamente en su computadora. Considero que, comparado con una libreta, tiene demasiadas limitaciones, por ejemplo, en una libreta es fácil anotar un flujograma, en cambio hacerlo electrónicamente es más difícil. Por lo general, el celular no ayuda al estudiante a "sumergirse" en la clase, sino que es más bien un distractor. Algunos centros educativos en sus reglamentos no permiten el uso del celular durante las clases.

Es muy importante que **presentes tus dudas** durante las clases, las que detectaste y anotaste en la lectura previa. También es esencial que **escuches las preguntas de tus compañeros** y las respuestas y/o explicaciones que da tu maestro a esas preguntas. Este material es muy valioso: tal vez haya preguntas que a ti no se te ocurrieron; o tal vez la explicación del maestro te da claridad desde otro punto de vista que no habías imaginado. Toma notas de todo esto. Algunos estudiantes nunca ponen atención a las preguntas de sus compañeros, ni a las respuestas que el maestro da a esas preguntas, de manera que plantean la misma pregunta que unos minutos antes algún compañero acaba de hacer. Es como si no le dieran importancia a las preguntas de los demás.

Después de la clase, detecta a qué material le habías dado poca importancia, pero en clase el maestro le dio gran prioridad. Toma nota de los **puntos estratégicos que el maestro enfatizó**. Teniendo en cuenta la discusión en clase, **imagina qué preguntas podrían aparecer en el examen**. Decide qué material debes guardar en tu **memoria**. Piensa en qué **situaciones de la vida** podrías usar la información.

Es cardinal que te des cuenta de que actualmente tu profesor es como un consultor al que tú tienes libre acceso. Una vez que te hayas graduado, tal vez no sea tan fácil tener acceso a un consultor y, posiblemente, sus honorarios sean considerables. Aprovecha a tus profesores durante tu carrera profesional.

12

DESCIFRAR A TU MAESTRO

Una actividad que recomiendo mucho es que trates de **"descifrar" a tu maestro.** Hay maestros estrictos, otros laxos; hay algunos puntuales, otros no; hay algunos que esperan del estudiante trabajos de alta calidad, mientras que otros aceptan igual trabajos medianos y de alta calidad. Si no descifras a tu maestro puedes cometer serios errores con consecuencias bastante desagradables. Por ejemplo, si supones que tu maestro es muy flexible y no le da importancia a la fecha límite para la entrega de trabajos y lo entregas después de esa fecha, pero en realidad el maestro sí le da mucha importancia a la fecha límite, entonces probablemente tendrás una baja calificación.

En fútbol americano, el equipo que tiene el control del balón puede hacer dos tipos de jugadas:

1) corrida (el jugador avanza corriendo con el balón), y
2) pase (el *quarterback* lanza el balón a otro jugador —el receptor—y éste corre hacia adelante).

El equipo sin balón (defensiva) en cada jugada debe tratar de descifrar si la siguiente jugada será corrida o pase.

Cuando eres estudiante en un curso, puedes hacer algo parecido, es decir, tratar de **descifrar cómo será el comportamiento de tu maestro**: cómo calificará las tareas, los trabajos, los exámenes, etcétera. También es importante tratar de predecir qué tipo de preguntas hará en el examen. Para esto puedes basarte en su conducta, sus mensajes verbales, lo que han comentado exestudiantes, etcétera.

Basado en el comportamiento de tu maestro, ¿qué tipo de preguntas esperas en el examen?	
fáciles	difíciles
de conceptos generales	de puntos muy específicos
del material del libro	de material visto en la clase, aunque no esté en el libro
de deducción (lógica)	de memorización
cuantitativas (numéricas)	cualitativas
de párrafos del libro (palabras)	de gráficas y tablas del libro
de opción múltiple	de desarrollar una respuesta escrita extensa (tipo ensayo)

¿Qué importancia le da tu maestro a los siguientes aspectos?	No sé	Poca	Mucha
Asistencia			
Puntualidad			
Contestar preguntas en clase			
Plantear preguntas en clase			
Expresar tus opiniones en clase			
Trabajos escritos			
Ortografía			
Presentación del trabajo escrito			
Profundidad de los conceptos			
Análisis de los conceptos			
Extensión del trabajo (número de páginas)			
Fuentes bibliográficas (revistas, libros)			
Cantidad de referencias bibliográficas			
Calidad de referencias bibliográficas			
Fecha de publicación de referencias			

En algunas ocasiones, es difícil pronosticar qué tipo de preguntas desarrollará el maestro en el examen. Sin embargo, si eres observador y pones atención a la conducta de tu maestro y a sus mensajes (directos e indirectos), si platicas con alumnos que cursaron previamente, podrás pronosticar, en muchas ocasiones, el tipo de preguntas que verás en tu examen, de la misma manera en que muchas veces un equipo de fútbol americano puede pronosticar si la jugada será pase o corrida.

Creo que si practicas esta habilidad (descifrar), la encontrarás divertida. Además, te será muy útil en cualquier otro ambiente, como tratar de pronosticar la conducta de tus futuros clientes o de tus futuros jefes. Esta habilidad te permitirá en el futuro brindar un mejor servicio a tus clientes.

13

EXÁMENES

Los exámenes siempre están presentes, de alguna u otra manera. Hay exámenes de admisión, de selección, de diagnóstico, sorpresa (*pop quiz*), semanales, mensuales, de mitad de curso, finales, extraordinarios, orales, escritos, en línea, teóricos, prácticos, de licenciatura (profesional), de especialidad, de maestría, de doctorado, de certificación, de recertificación, etcétera. **Tú puedes convertir los exámenes en tus amigos o enemigos.**

Mientras seas estudiante en un sistema académico (primaria, secundaria, preparatoria, licenciatura, especialidad, maestría, doctorado) tendrás exámenes muy definidos. Una vez que sales del sistema académico y empiezas a trabajar, sigues teniendo exámenes, pero de otra manera. Por ejemplo, cuando trabajas, cada proyecto es un examen, cada cliente representa un examen, cada paciente es un examen. Y, como antes (cuando estabas en la escuela), cada examen lo apruebas o lo repruebas. Algunos clientes te dan una "segunda oportunidad" (como lo hacen algunas universidades); otros clientes no dan esa oportunidad, simplemente buscan a otro profesionista que pueda "resolverles su problema", por decirlo de otra manera, **un profesionista que "sí pase el examen".**

Como podrás ver, los exámenes son parte de nuestra vida diaria y van a estar con nosotros mucho tiempo. Hay estudiantes que se angustian mucho. Otros han desarrollado una serie de habilidades y conocimientos que les permiten enfrentarse a los exámenes sin angustiarse, posiblemente aumentando su autoestima, la cual a su vez les permite estudiar de manera más eficiente. Es decir, **se han adaptado a vivir en un mundo de exámenes.** Recuerda que tú has llegado hasta este nivel profesional, en gran parte, porque has aprendido a adaptarte a todos los niveles anteriores (primaria, secundaria y preparatoria).

Tener estrategias bien definidas ayuda a tener un alto desempeño en los exámenes. **¿Cuándo debes empezar a prepararte para los exámenes? Desde el primer día de clases.** Cada tarea, cada ejercicio, cada proyecto, cada capítulo que estudias, cada clase a la que asistes, cada apunte que escribes, cada pregunta planteada, cada explicación que escuchas, cada repaso, todo esto y más, lo debes ver y vivir como preparación para tu examen.

Algunos estudiantes ven y viven las tareas, las clases, los ejercicios como obstáculos sin importancia y que les "retrasan avanzar", por lo que quieren sacarles la vuelta de alguna manera. Por ejemplo, copiando información de libros y/o de internet sin pensar en lo que leen, escribiendo casi automáticamente ("copiar y pegar"). Algunos estudiantes realizan el proyecto mensual:

1) un poco cada día (reflexionando)
2) mientras que otros lo hacen desvelándose la noche antes de entregar el proyecto (sin reflexión).

Aquí vemos dos formas muy distintas de vivir académicamente y de prepararse para la vida. ***Una,*** *tomando herramientas para usarlas en el futuro*; la otra, sacándole la vuelta a las cosas, haciendo el trabajo la noche antes de entregar.

Recomiendo dormir bien la noche antes de un examen, es decir acostarse a tiempo, no desvelarse. **Habría que preguntarse: ¿por qué sería necesario desvelarse antes de un examen? Frecuentemente, esto se debe a una mala administración del tiempo**. También hay que tomar en cuenta que, para algunos estudiantes, desvelarse antes de un examen puede ser una manera ineficiente de estudiar (mucho esfuerzo con resultados limitados). Además, memorizar masivamente para el examen del día siguiente es almacenar información en la memoria a corto plazo (examen de mañana) y no tener suficiente información guardada en la memoria a mediano y largo plazo (examen final y sobre todo para después de que termine el curso). Además, la mañana siguiente durante el examen, por no haber dormido bien, es posible que el desempeño sea inferior que si hubieran dormido adecuadamente.

Otro aspecto importante de la estrategia para presentarse en un examen es la alimentación en las horas previas. No es conveniente ayunar y llegar con hambre. Tampoco es recomendable una comida abundante, de manera que el estudiante se sienta adormilado. Una comida ligera, a base de carbohidratos puede ser apropiada. Por otro lado, es recomendable ir al sanitario antes del examen. Es conveniente llevar ropa cómoda para no tener ni frío ni calor. Por supuesto, llevar todo el material necesario: lápices, borradores, reglas, transportadores, lentes, lupas, reloj, pluma, corrector, etcétera. Claro, hay que llegar a tiempo, preferentemente unos minutos antes, y acomodarse, buscar un sitio en el salón. Hay personas que prefieren sentarse adelante; otros prefieren cerca de las ventanas, mientras que otros prefieren la última fila trasera. Definitivamente, hay que evitar llegar tarde: los estudiantes que hacen esto llegan corriendo, sudando, preocupados y comienzan el examen en franca desventaja.

Hay que llegar al examen en las mejores condiciones corporales y mentales posibles. Cuerpo y mente preparados para enfrenar el examen con conocimientos, habilidades, seguridad y placer. Listo para demostrar lo aprendido, ¡este es el tiempo de cosechar!

La siguiente tabla puede ayudarte a llegar en mejores condiciones a tu examen.

LISTA DE VERIFICACIÓN PARA EL EXAMEN
Estudiar a tiempo
Usar estrategias de estudio apropiadas
Sueño reparador adecuado
Alimentación conveniente
Fecha del examen
Lugar (salón #, laboratorio #)
Hora del examen
Identificación, credencial
Reloj, lápices, borrador, plumas, reglas, calculadora, etcétera

	Ropa adecuada (cómoda, evitar calor o frío)
	Lentes
	Actitud (serena, segura, confianza en sí mismo)
	Seguir las instrucciones verbales y escritas dadas en el examen
	Apoyarse en la deducción
	Apoyarse en la memoria

Después de los exámenes, busca las respuestas a las preguntas, platica con tus compañeros y compara sus respuestas con las tuyas, aclara las dudas con tu maestro. Trata de entender por qué contestaste bien algunas preguntas y, más importante, por qué en otras no fue así. Analiza y comprende qué debes cambiar para tener un mejor desempeño la próxima vez que te presentes.

14

VISIÓN PANORÁMICA

Ya hemos recorrido la mayor parte de este libro. Hagamos ahora una pausa en el camino y contéstate a ti mismo las siguientes preguntas:

	Página del libro	**PREGUNTAS**
	1	Al principio del libro te comenté situaciones que he visto que algunos estudiantes han vivido y te pregunté: ¿conoces a alguien así?
	6	¿Cuáles son tus objetivos primarios al estudiar un curso? ¿Aprender? ¿Aprobar?
	8	¿Qué sientes estudiando tu carrera profesional? ¿Te gusta tu carrera? ¿La quieres?
	11	¿Ya descubriste qué es lo que te motiva a ti a estudiar?
	13	La forma en que administras tu tiempo, ¿te acerca a tus objetivos primarios o te aleja?

	19	¿Usas estilos de estudio de nivel profesional?
	23	¿Sabes sacar máximo provecho a preguntas básicas?: ¿qué?, ¿cómo?, ¿para qué?, ¿por qué?, ¿quién?, ¿dónde? y ¿cuándo?
	27	¿Ya tienes un lugar en donde puedes estudiar eficientemente?
	29	Para tener un mejor desempeño, ¿ya detectaste a qué materias le necesitas dedicar más tiempo de estudio?
	30	Teniendo en cuenta lo que haces antes, durante y después de la clase, ¿eres un estudiante activo o pasivo? ¿Le sacas máximo provecho a cada clase-consultoría que tienes con tu profesor?
	37	¿Ya descifraste a tu maestro? ¿Tienes una idea más clara de lo que tu profesor espera de ti?
	38	Actualmente, ¿qué relación tienes con los exámenes? ¿Son tus amigos o enemigos? ¿Ya te estás preparando para el examen? ¿Tienes estrategias para tener un buen desempeño en tus exámenes?

15

CIERRE (POR AHORA)

Deseo que este libro te sirva y espero que tú le saques provecho. Aquí hay una serie de ideas y estrategias que, a través de los años, han probado dar buenos (algunas veces excelentes) resultados. Creo que, si las aplicas, podrás mejorar tu desempeño académico. Vas a pasar muchos años en la escuela, es decir, una fracción importante de tu vida estarás dentro del sistema académico. Durante todos esos años invertidos en tu educación formal tendrás muchas oportunidades para construir estructuras que podrán servirte el resto de tu vida profesional, independientemente del área profesional a la que te dediques; también podrán servirte en tu vida personal.

Un aspecto fundamental de tu desempeño es la **actitud** con la que enfrentes las situaciones (entusiasmo, deseo de hacer las cosas lo mejor posible, aprender, evolucionar). Puedes estar seguro de que las personas que enfrentan sus situaciones de vida con apatía, desinterés, flojera, aburrimiento y mediocridad sentirán mucho más pesada la carga.

Ignoramos, estudiamos, aprendemos, evolucionamos, acertamos, nos equivocamos, nos caemos, nos paramos, hacemos cambios, corregimos, acertamos, seguimos, estudiamos, aprendemos, evolucionamos ¡y **un día podemos ofrecerle a los demás un buen servicio!**

ACERCA DEL AUTOR

El Dr. Valenzuela tiene más de 35 años de experiencia profesional. Es médico cirujano partero (Universidad Autónoma de Nuevo León - UANL), especialista en psicoterapia psicoanalítica (UANL) y doctorado (PhD) en fisiología (Universidad de Mississippi). Actualmente, es profesor de medicina de la Universidad de Monterrey (UDEM). Ha impartido clases diversas en universidades de México y el extranjero. Ha sido asesor de tesis de licenciatura, maestría y doctorado. Su formación profesional le permite tener un enfoque biológico-psicológico-social de los procesos de salud-enfermedad. En su consultorio, brinda terapia a personas con muy diversas condiciones que desean producir cambios significativos en su vida. Además, participa dando conferencias, talleres y seminarios para padres de familia, maestros, estudiantes, pacientes y sus familiares, además de personas interesadas en tópicos específicos. Ha participado en más de ochenta publicaciones científicas incluyendo: resúmenes, artículos, manuales y libros publicados en México, Estados Unidos, Puerto Rico, Brasil, Suiza, Dinamarca y Gran Bretaña. Ha realizado también más de sesenta colaboraciones periodísticas publicadas en Ciudad de México, Guadalajara, Monterrey y Saltillo. Ha vivido en Europa durante tres años; en Estados Unidos, ocho años; en Puerto Rico, dos años y el resto de su vida en México, esto le permite tener una visión multicultural. Después de 10 años de labores académicas en el extranjero, regresó a México apoyado por el Programa para retener y repatriar a científicos mexicanos del Consejo Nacional de Ciencia y Tecnología (CONACYT).

Algunas distinciones:

Ganador del Premio Prácticas de Alto Rendimiento Académico, Universidad de Monterrey (UDEM).

Reconocimiento especial de la American Medical Association por veinte años de membresía, por ayudar a promover el arte y la ciencia de la medicina y por mejorar la salud pública.

Profesor ubicado dentro del 10 por ciento de los profesores mejor evaluados de la Universidad de Monterrey (UDEM).

Ganador del Premio Robert A. Mahaffey por investigación científica en Estados Unidos.

Membresías y certificaciones:

American Medical Association

American Physiological Society

Certificado por la Educational Commission for Foreign Medical Graduates (ECFMG), Estados Unidos.

CPSIA information can be obtained
at www.ICGtesting.com
Printed in the USA
BVHW031420291118
534322BV00007B/42/P